WILLIAM KABEMBA

# LA LANGUE QUE DIEU PARLE Vol I

WILLIAM KABEMBA

# LA LANGUE QUE DIEU PARLE Vol I

**Psaumes, 119:172 - Que ma langue chante ta parole! Car tous tes commandements sont justes**

**Éditions Croix du Salut**

**Imprint**
Any brand names and product names mentioned in this book are subject to trademark, brand or patent protection and are trademarks or registered trademarks of their respective holders. The use of brand names, product names, common names, trade names, product descriptions etc. even without a particular marking in this work is in no way to be construed to mean that such names may be regarded as unrestricted in respect of trademark and brand protection legislation and could thus be used by anyone.

Cover image: www.ingimage.com

Publisher:
Éditions Croix du Salut
is a trademark of
Dodo Books Indian Ocean Ltd. and OmniScriptum S.R.L publishing group

120 High Road, East Finchley, London, N2 9ED, United Kingdom
Str. Armeneasca 28/1, office 1, Chisinau MD-2012, Republic of Moldova, Europe
Printed at: see last page
**ISBN: 978-620-3-84549-5**

FORUM DES JEUNES CHRETIENS

EVANGELISONS POUR CHRIST

# La langue que Dieu parle

Vol 1

WILLLIAM KABEMBA

Vol 1

# LA LANGUE QUE DIEU PARLE

LA LANGUE QUE DIEU PARLE

INTRODUCTION

Chers lecteurs, c'est avec enthousiasme et joie que je vous partage par cet ouvrage une source de force vous permettant de faire face à toutes sortes d'épreuves dans votre vie. Certes, Je suis personnellement passé par des moments durs et très difficultueux dans ma vie, de telle sorte que je ne trouvais plus aucun sens à tout ce qui m'arrivait et c'est en ce moment-là que plusieurs questionnements bourdonnés dans ma tête sans réponse.

A une certaine phase, j'ai découvert une solution, pour mieux dire c'est en réalité la solution qui m'a trouvé et qui s'est révélée à moi et à changer complétement ma vie, non seulement à me délivrer de souffrances qui étaient présentes dans ma vie mais m'a aussi équipé enfin de faire face aux obstacles que j'aurais à croiser tout au long de mon évolution terrienne, car comme le dit si bien le sage Job dans son livre portant son nom JOB au chapitre 5 verset 7 : « *L'homme nait pour souffrir, comme l'étincelle pour voler* » mais ce que j'aime le plus c'est plus loin dans ses écrits au chapitre 11 verset 16 il déclare : « *Tu oublieras tes souffrances, tu t'en souviendras comme des eaux écoulées* ». Donc quoi que l'homme ne peut échapper à affronter la souffrance, il a néanmoins la possibilité à une période de sa vie l'oublié, car il pourrait trouver toujours un moyen de s'en sortir.

La souffrance ressemble à une grande équipe de personnes destinées à venir l'une après l'autre combattre le concerné pour but qu'il tombe et demeure dans cette position de faiblesse. Quand l'une est vaincue, la suivante vient aussi tenter son coup jusqu'au dernier, au moment de la mort du concerné. Voilà pourquoi il ne faudrait pas fuir la souffrance, car elle sera toujours là au moment que nous sommes sur terre mais il faut chercher à s'armer enfin de la faire face en triomphant de tous ses joueurs jusqu'au dernier lors de notre décès pour qu'aucune situation ne nous prive la joie et le bonheur, en partant la tête haute et non rabaissée.

Raison pour laquelle, ayant été muni par la connaissance de cette révélation impeccable au point de ne pas retenir mes mots et dire que c'est le moyen exclusif pour riposter face à toutes sortes d'ennuis, ainsi il m'a été d'une ferme nécessité de la part du **Seigneur Jésus Christ** pour venir en aide à un grand nombre, le partager avec vous au travers de cet ouvrage.

Si vous passez par ce moment de la souffrance comme moi je l'ai été, quelle que soit la taille de votre problème, si vous ressentez à peu près ou textuellement les différentes plaies intérieures que j'ai écrites dans cet ouvrage , sachez que vous avez enfin entre vos mains, la clé capable de vous aider sûrement à abandonner cette casquette de la souffrance, de la dépression, de lamentations, enfin d'en porter une nouvelle celle de la joie, du bonheur et de la paix intérieure.

Le résultat attendu prendra vie lorsque vous mettrez en pratique le contenu de cet ouvrage, car comme vous aujourd'hui, j'ai pensé qu'il n'y avait aucune solution à mon problème, mais je vous assure après avoir découvert, ce que je m'apprête à vous faire découvrir par ce livre, vous me rejoindrez au changement d'avis. Cette clé m'a aidé avec satisfaction et a aidé aussi plusieurs personnes. A la fin de cet ouvrage, j'ai annexé mon témoignage personnel !

## CHAPITRE I. L'INCONTESTABLE BESOIN DE CONNAITRE LA LANGUE DE DIEU COMME ISSU DE SECOURS

### .1. NOS REALITES INTIMES

_Quoique le sourire aux lèvres se montre réciproquement entre humains mais le dedans de chacun est en larme, car chacun a une difficulté quelconque lui dérangeant plus que toute autre chose. Pour l'autre c'est la galère financière, pour celui-là c'est le souci d'étudier, pour celle-là c'est le manque d'enfant, pour tel c'est un vice qu'il n'arrive pas à laisser, et tant d'autres...

Le désir d'en parler avec quelqu'un, pour être aider, assister ou encore consoler monte tellement comme une soif intarissable mais il est difficile d'en trouver, car tout le monde à sa propre petite histoire de souffrance et se sent incapable d'aider avec efficacité les autres.

_A qui s'est confié?, À qui parlais avec certitude sans être trahi?, À qui dire tout de nous sans caché une partie, de peur d'être condamné?, À qui se dégager enfin d'être soulager de ce problème qui brûle en nous?, À qui parlé et qui comprendra parfaitement la douleur de notre cœur ?, À qui être sûr que si on se rends vers lui, nous avons la certitude d'avoir la solution à nos problèmes?, À qui À qui À qui est le cris en larme d'un cœur désespéré qui regarde à gauche et à droite et ne trouve personne. **Comme dans un désert le son de ses cris retourne à lui-même, car c'est le vide total dans tous les horizons**. Enfin de compte, il n'y a plus que nous et nous même et le dicton populaire" chacun pour soi" revient dans la tête et l'on désire se prendre en charge pour en finir avec ce qui nous dérange sans attendre le soutien de qui que ce soit.

_Un moment les choses semblent s'être apaisées, un moment on semble oublié le problème, un moment un sourire au cœur essaie de se retracer, car le problème semble s'en allé mais comme un éclair qui ne dure pas, **voilà il est de retour ce problème** qui brise notre force, ôte notre paix, notre tranquillité et on se retrouve dans le même circuit et la vie semble tourné autour de ça.

_De fois on fait confiance au temps, en se rassurant que certainement avec le temps tout ira bien, mais voici après avoir enduré longtemps, les choses s'empirent, la force d'essayer encore de nouveau expire, la force de se fortifier se dissipe, la force de se remonter la morale diminue et on devient finalement **plaintif et enquêteurs à la recherche du coupable** de tout ce qui nous arrive enfin de trouver au moins quelqu'un à condamner pour se soulager car à vif raisonnement on ne trouve rien d'assez valable pouvant expliqué pourquoi nous traversons ce genre d'épreuves, on se dit qu'on ne mérite pas cette situation et d'ailleurs ce sont les autres qui devraient souffrir comme ça.

_Oh pensé au moins à un passé radieux où quand même les choses étaient acceptables devient le seul instant où il y a un rafraîchissement du cœur mais plus la souffrance augmente, plus ce passé un peu radieux devient flou dans nos pensées et seul les cauchemars présents prennent le dessus.

_Avec les amis quel sourire!, en compagnie de la famille quelle régale !, Mais seul à seul le cœur est pincé de douleur. Un temps on se dit en soi: Bon il est temps d'arrêter à se plaindre de notre problème et avancé enfin de vaquer à autre chose, mais c'est inévitable, **car plus on essaie d'éviter le problème ; plus il devient grand et pertinent** et occupe à la longueur des journées nos pensées. On se sent vide, sans saveur, car le goût de la vie n'est plus.

_Voilà la nuit est tombée, l'heure du sommeil est arrivé, au moins un moment où on oublie tout et pour certains ça va jusqu'à espérer de ne pas se réveiller le matin mais hélas le soleil se lève et dès la reprise de conscience au petit matin, tout redevient à sa place comme si les problèmes faisaient la liste de présence chaque jour pour s'assurer qu'aucun d'eux n'est absent dans notre vie et là même sans le vouloir il faut se lever et affronter la journée. De fois aussi le sentiment d'échanger sa vie avec une autre vient, car à un instant on a l'impression que les autres vivent mieux que nous, on se croit celui qui souffre le plus.

_Plusieurs solutions survolent ici et là, allez voir tel, allez dans tel hôpital, allez consulter tel médecin, allez voir tel oncle, telle tante, allez vivre au moins ailleurs, allez boire et vous enivrez, allez fumer jusqu'à perdre conscience, allez faire la fête pour se défouler, n'ayez aucune limite, allez dans telle entreprise on paie mieux, allez dans telle école c'est plus mieux, allez dans telle avenue et mainte autre recommandations de solution provenant des personnes souffrant aussi, peut être voire plus que ceux dont ils essaient d'aider par leurs suggestions.

_Souvent on désire sincèrement changer aussi si pas la vie mais au moins notre problème avec un autre problème, vu qu'il n'y a de solution pour aucun problème au fin de compte, parce qu'après avoir tout fait, un moment ça réussit et puis on rechute encore et encore, **donc pas toujours de satisfaction profonde**.

_De moment, certaines personnes veulent nous remonté la morale mais on se dit qu'elles le font parce qu'elles ne vivent pas ce que l'on vit et on ne prend guerre considération à leurs encouragements, on les trouve juste des beaux parleurs, on se dit que pour eux ce sont justes des paroles et des écrits mais la réalité profonde des choses ils ne le connaissent pas. Et de fois avec un peu d'espoir, on se dit le jour où ils vivront le même problème que nous, ils changeront certainement des discours et auront la même attitude que nous.

_Certains à cause de la souffrance, ils en sont devenus des experts chevronnés. A titre illustratif, prenons ceux qui sont souvent malades : ceux-ci deviennent des pharmaciens prescripteurs des médicaments sans aucune licence ou études universitaires dans le domaine médical, car leurs expériences de la maladie les ont fait voir des médicaments de toutes les couleurs, de toutes les tailles et de toutes les formes et quand ils voient ceux qui sont à peine malades, se moquent d'eux par la façon dont ils ont peur de l'amertume des médicaments et de la douleur de la maladie. Ils ont toujours presqu'envie de leur dire : « Courage, ça c'est rien ». Pour ceux qui perdent souvent les êtres chers, vu qu'ils ont tellement eu l'habitude de pleurer, dès qu'ils apprennent la mort d'un autre, les larmes ne coulent plus comme si toutes leurs larmes étaient séchées en eux et ils restent silencieux. Pour ceux qui ont tenté d'étudier sans réussite, tenté d'avoir un bon travail sans succès, tenté d'être heureux sans suite, ils découragent les autres qui veulent essayer de rechercher les mêmes choses comme eux dans le passé de ne pas le faire, car c'est une perte de temps. Ils deviennent comme des anciens explorateurs à la recherche d'un trésor dont ils n'ont jamais trouvé et quand ils voient des nouveaux explorateurs débarqués au même endroit pour espérer trouver le trésor ; ils leur disent : « Les enfants, avant que vous naissiez, nous que vous voyez, avions cherché ce trésor sans le trouvé ; alors abandonnez cette quête en prenant exemple de notre expérience ».

### .2. LA NAISSANCE DU BESOIN DE PARLER ET ENTENDRE DIEU (LA LANGUE DE DIEU)

_Peu à peu même sans se rendre compte, chacun commence à s'habituer à sa souffrance, car le faible espoir d'un changement a disparu.

_Après plusieurs raisonnements, c'est en ce genre d'instant où tout le monde fixe ses yeux vers les cieux après un soupir profond pour se demander s'il y a vraiment un Dieu dans le ciel ?

_Certes il y a un Dieu dans le ciel, mais pourquoi laisses-t-il autant des choses nous arrivées ?, Pourquoi est-il au tant injuste ?, Reconnais-t-il m'avoir créé ?, Suis-je une erreur de la nature ?, Suis-je condamné à souffrir ?, Dieu a-t-il des enfants chéris ?, Dieu me déteste-t-il à ce point ?

_Après m'être aussi posé ce genre de questions, bien sûr que c'était le fruit de ma dépression mais ça m'a pas du tout totalement aidé, car je perdais mon temps sur les choses que je connaissais déjà.

_Constatez maintenant les bonnes questions révolutives que j'aurais dû me posé depuis longtemps dont leurs réponses m'auraient aidé jadis mais que Dieu m'a fait découvrir par son amour conséquence de sa miséricorde et compassion à sa volonté de me voir bien portant dans la suite. (**Par ici j'ai compris d'ailleurs que de fois ce ne sont pas les réponses uniquement dont nous avons besoin mais aussi des bonnes questions à se poser**).

_Ces questions étaient les suivantes :

- Comment arrivé à  adresser à Dieu la parole?,
- Est ce qu'il entend au moins mes cris?, comprend-t-il ma langue?
- A-t-il une langue spécifique pour qu'il me comprenne mieux?
- Quelle est la langue que Dieu parle enfin que je lui expose mon problème et qu'il l'écoute sans difficulté?

_Tels sont les soupires d'un cœur qui cherche comment parlé à Dieu, enfin de lui étaler sur une longue table tout ce qu'il y a dans le sac de sa souffrance longtemps conservé et fermenté par la douleur.

_Quand nous parlons à quelqu'un de notre problème, nous avons maintenant besoin d'entendre ce qu'il nous dira, n'est-ce pas? Bien sûr que oui je pense.

_En vue des choses qui se passent dans notre vie et autour de nous, nous désirons aussi savoir que dit Dieu à ce propos, n'est-ce pas ? Encore une fois de plus oui je le pense.

_Tout le monde a dit, tout le monde a eu son mot à dire, tout le monde a proposé ce qu'il pourra proposer selon sa capacité mais que dit Dieu pour mon cas aussi?

_Car il y a l'assurance, de lui sortira certainement une parole sûre et véritable que même si nos lèvres refusent de l'admettre mais pourtant nous savons au profond de nous que c'est vrai.

_Mais pourquoi au tant de silence?, Pourquoi sembles-t-il être ignorant à ce qui nous arrive ? De même ici aussi, je ne m'étais posé pas des bonnes questions mais en voici les bonnes :

- As-t-il peut être déjà parlé et qu'on n'a pas compris son langage ? ;
- As-t-il utilisé peut être une langue qu'on n'a pas saisi la compréhension ?

Tels sont les chagrins d'une oreille assoiffée d'entendre Dieu comme une eau fraîche pouvant apaiser son intérieur chauffé par la confusion, les contraintes et les soucis.

En lisant toutes les questions importantes dont je m'étais posé, vous pouvez réaliser en socle, que c'est à la recherche de la découverte de **la langue que Dieu parle.** Car deux personnes ne peuvent mieux se comprendre que s'ils parlent la même langue.

## CHAPITRE. II. LA REVELATION DE LA LANGUE QUE DIEU PARLE

### 2.1. Généralités

_Avant de vous faire découvrir la langue que Dieu parle, examinons premièrement la langue. Qu'est-ce que c'est ?, quelle est son importance ? Et quelques notions importantes sur elle.

_Par définition une langue est **un système de signes vocaux, graphiques ou gestuels permettant la communication entre individus.**

_La langue aide les humains à **se communiquer et à s'identifier**. Quand je parle de l'identification, je parle de la région, c'est-à-dire que chaque région dans le monde a une langue dominante par la quelle ses habitants d'origine entre eux peuvent facilement se reconnaitre. A titre d'exemples, on peut citer *l'occitan ou le breton* en France, le sarde en *Italie,* le *cachoube* en Pologne, le *zazaki* en Turquie, le *kabyle* en Algérie, le *bachkir* en Russie…

_Nous distinguons plusieurs autres langues dont : *le lingala ; le tshiluba ; le kikongo ; le swahili ; le français ; l'anglais ; l'hébreu ; l'arabe ; le mandarin ; l'hindi ; le portugais ; le russe ; l'allemand ; le cantonais ; le javanais ; le malais ; le turc ; le tamoul ; le vietnamien ; le polonais ; le néerlandais ; le kurde ; le tchèque ; le zoulou ; le grec ; le créole haïtien ; le chewa ; l'igbo etc.*

_S'ayant fait une idée sur une langue, nous avons réalisé que grâce à celle-ci, on se communique. **Donc si on arrive à connaître la langue dont Dieu parle, nous aurons la pleine possibilité de lui parler et de l'entendre**.

_Par son immense amour et grâce incroyable sans pareille, lui le créateur de toutes choses se trouvant dans l'univers m'a fait grâce de connaître sa langue et de vous le faire partager aussi.

**N.B.** : Je ne peux pas parler de la langue dont Dieu parle sans faire mention du parler en langues qui est un don du Saint Esprit accordé par sa volonté aux croyants ; appelé autrement la glossolalie. Plusieurs croient et les saintes écritures en appuient sa véracité par l'enseignement de l'Apôtre Paul (décrit spécifiquement dans le livre de 1CORINTHIENS 14 :2-28) que l'effet de parler en langues c'est parlé à Dieu directement dans une langue que notre cerveau ne comprend pas et elle est efficace pour édifier, adorer Dieu voire transmettre des messages de sa part. Nombreux ouvrages écrits par des Hommes de Dieu en parle et y est reposé un grand gisement de mystères. Pourtant par la grâce du Seigneur qui m'est été faite ; je ne parle pas de la langue de Dieu comme étant uniquement un don du Saint Esprit mais comme étant une personne et à travers une richesse des connaissances attachées à cette révélation attestées à la lumière des écritures, nous aide à parler avec Dieu et l'entendre permanemment. Dans les lignes qui suivent vous en serez illuminé.

## 2.2. A la découverte de la langue que Dieu parle

_Avant d'aller plus loin, j'aimerais déjà que vous réalisez la conception de la langue de Dieu n'est pas pareille à la conception de la langue comme nous pouvons l'examiné minutieusement par nos connaissances humaines. Ce n'est pas l'anglais, ni le Français, ni l'arabe, ni l'hébreu, ni l'allemand, ni le tshiluba, ni le swahili, ni le lingala. C'est-à-dire nul n'est besoin de croire qu'il y a une langue humaine je précise, qui est spécifique ou spéciale devant Dieu pour qu'il nous écoute efficacement et par laquelle nous pouvons l'entendre.

_N'oubliez jamais ceci : Dieu est le créateur de toutes choses, y compris nos langues que nous parlons. Mais la langue dont il s'agit ici, est une expression liée à la découverte du moyen de parler réellement à Dieu et l'entendre, de ce fait tout comme une langue nous permettrait de parler avec une personne et mieux lui comprendre. Nous sommes dans la figuration.

_Pour parler à Dieu, il n'est pas question de savoir parler correctement par exemple le français tout en respectant toutes les conditions de grammaire ; vocabulaire ; conjugaison et tant d'autres, il n'est pas question d'être éloquent, moins encore un beau parleur ; car si nous partons de cette principe, ceux qui n'ont pas eu l'opportunité d'étudier, seront alors exclus de la compétence de parler à Dieu, voire les muets ne seront même pas admis.

_Détrompons nous bien aimés, Dieu écoute toutes les langues de l'univers, même aussi nos langues maternelles mais cela n'est pas le synonyme d'entrer réellement en contact avec Dieu pour être entendu par lui enfin d'avoir l'exaucement à nos prières.

_Laissez-moi vous décoder ce mystère : « De fois **Dieu entend sans entendre** » Que veut dire ceci ? En réalité Dieu a deux entendements :

1) Le premier entendement, c'est ***l'entendement indifférent*** qui est celui qui démontre que Dieu écoute certainement les prières mais il ne peut réagir.
Mais pourquoi ne pas réagir ? Pour deux raisons :
_*La première raison est celle de la langue de Dieu*. Donc lorsque tu pries à Dieu, il t'écoute mais puisque tu ne parles pas par sa langue, tu ne peux voir son intervention. Qu'est-ce donc parler par la langue de Dieu ? Parler par la langue de Dieu (dont je veux vous faire découvrir dans les lignes qui suivent), signifie que lorsque nous parlons à Dieu, bien sûr nous lui prions avec notre langue respective comme dans la forme mais dans le fond nous serons en train d'utiliser un jargon qui adapte notre langue à la langue de Dieu enfin de dire à Dieu les paroles non qui viennent de notre façon propre mais en respectant la sienne.
_*Et la deuxième raison c'est la cause du temps*. Ceci veut dire que l'Eternel Dieu a un plan merveilleux pour chacun d'entre nous mais agencé dans un programme bien précis dont chaque chose arrive au temps marqué par Dieu. Voilà lorsque de fois nous sommes en train de demander quelque chose, quoi qu'en utilisant la langue de Dieu, si la chose n'a pas été prévu pour ce temps-là, je vous assure elle n'arrivera pas (Ecclésiaste 3 :11).

2) Le Deuxième entendement de Dieu, c'est ***l'entendement exécuteur***. C'est cet entendement par le quel Dieu écoute et agit comme si la prière venait à peine d'être faite, car la personne parle par la langue de Dieu et la chose est arrivé à son temps. Ainsi, je

vous invite à ne jamais baisser les bras dans la prière, car peut être êtes-vous déjà arrivé à la proche de votre temps (Hébreux 11 :1).

_J'illustre ce mystère par l'histoire du peuple d'Israël qui depuis Abraham, Dieu leur avait condamné à 400 années de servitude dans un pays étranger à cause du péché d'Abraham. Et lorsque ce temps est arrivé où le peuple d'Israël était captif dans un pays étranger qui était l'Egypte, ils crièrent à l'Eternel durant toutes ses années et Dieu ne réagissait pas pour venir leur sauvé mais c'est seulement lorsque les 400 années furent consommées que l'Eternel envoya Moïse pour délivrer Israël. Voici ce qu'il dit en EXODE 3 :7-8 : « … j'ai entendu les cris que lui font pousser ses oppresseurs… Je suis descendu pour le délivrer de la main des égyptiens… » Cette parole donne l'impression qu'il vient à peine d'entendre, or Israël criait depuis longtemps. **Lorsque l'entendement exécuteur de Dieu arrive, je vous assure Dieu réagit directement et rien ne fait obstacle**.

_Une question très importante à se poser : « comment savoir le temps que l'Eternel Dieu a marqué avec exactitude pour l'exaucement de nos prières enfin de nous empêcher de nous inquiéter ? » Dans le volume 2 de cet ouvrage par l'aide du Saint Esprit, j'en parlerais ! Restez en contact avec nous par nos correspondances qui sont à la dernière page de cet ouvrage.

Maintenant on peut évoluer !

_Par définition, comme nous l'avons vu ci-haut, toute langue est un système **vocal**, C'est-à-dire qu'elle est parlée. Parler c'est exprimer sa pensée en articulant les mots d'une langue. Donc si nous désirons apprendre une langue, il est nécessaire de savoir comment elle se parle, car c'est en entendant ainsi qu'on aura la facilité d'avoir la bonne prononciation, le bon accent et la bonne compréhension de la langue. La Parole est liée à la langue.

_Et nous qui désirons la langue de Dieu, nous devrions aussi connaître sa parole, car c'est par sa parole que nous connaîtrons sa langue. Mais qui pourra nous apporté sa parole, enfin que par elle nous connaissons la langue de Dieu enfin de lui parler et l'entendre ????

_Comme toute langue aussi que nous désirons apprendre, il nous faut payer le prix pour l'apprentissage. A combien plus forte raison aussi pour connaître la langue de Dieu? A combien peut s'élever le prix ?

_Malheureusement nul homme n'avait le droit de connaître la parole de Dieu comme il l'est si bien dit en Ephésiens 2 :12-13 : « souvenez-vous que vous étiez en ce temps-là sans Christ, privés du droit de cité en Israël... ».

_Par ici ; vous dévireriez comprendre ce jargon spirituel utilisé dans l'évangile selon Jean 1 :1 : « Au commencement était la parole, la parole était avec Dieu et la parole était Dieu... » Et au verset 14 il est écrit : Et la parole s'est faite chaire, et elle a habité parmi nous...comme la gloire du Fils unique venu du Père ».

_Cette parole faite chaire est évidemment le **Seigneur Jésus Christ** qui s'est faite chaire pour venir parmi nous les humains, nous apporté la Parole qu'il était, car en elle (la parole) était la vie, et la vie était la lumière des hommes. Voilà un jour il le confirma en Jean 11 :24 « JE SUIS LA RESURRECTION ET LA VIE ».

_N'oubliez pas il était écrit en Jean 1 :1 que **la parole était Dieu**, donc aucune nécessité de plus de contrecarrer la divinité de Jésus Christ entant que lui-même Dieu.

_Ainsi donc, quand on dit que nous étions sans christ en Ephésiens 2 : 12 c'est à dire que nous étions sans Parole de Dieu. Or le prix qu'il fallait payer pour recevoir cette parole n'était pas de l'argent, car d'ailleurs Dieu n'a pas besoin de notre argent puisque l'or et l'argent lui appartiennent (Agée 2 : 8.)

_Mais c'était nos péchés la barrière, d'où il a fallu un prix non équivalent à l'argent pour briser cette séparation, de telle sorte que nous soyons dignes de recevoir cette Parole pour parvenir à entrer en contact avec Dieu. Mais qui a payé ce prix?

_C'est Jésus qui l'a fait, par le prix de son sang (1Pierre 1 :18-21), car c'était le sang le prix qu'il fallait, enfin que nous ayons la rémission de nos péchés et que nous ayons le droit légitime de connaître la parole de Dieu. Sans effusion de sang, il n'y aurait pas pardon de nos péchés (Hébreux 9 :22). La seule manière la plus simple qu'il soit enfin que cet acte s'affecte à nous, c'est **la foi en cette bonne nouvelle** qui est celle affirmant que Jésus a payé le prix par son sang à la croix pour nous.

_Et c'est ce même Jésus qui est venu remplit de tant d'amour pour l'humanité, pour ceux qui souffrent, pour les indigents, pour les rejetés, pour les soucieux, pour les malades, pour tous ceux qui ont des problèmes irrésolus, mourir pour nous afin que par son sang nous soyons dignes de connaitre la Parole de Dieu qui est sa langue, puisque à la lumière des écritures, il l'est dit si clairement dans le passage biblique ci-après :

- Jean, 14:24 - Celui qui ne m`aime pas ne garde point mes paroles. Et la parole que vous entendez **n`est pas de moi, mais du Père qui m`a envoyé**.

### II.2.1. Les principes de la langue divine

#### a) Le principe ultime avant de parler avec Dieu

_Comme dans toute langue, il y a des principes fondamentaux pour entamer une discussion avec quelqu'un. Souvent dans nos langues humaines, tout commence par une salutation (Bonjour ; Bondia ; Hello ; Mbote ; Betuabu...). A souligner aussi même pour une demande, une sollicitation, un souhait, faire un reproche à quelqu'un, il y a toujours une marche à suivre pour chaque langue avant de se lancer à communiquer.

_De la même manière, à la conception divine la parole de Dieu qui est la langue de Dieu, que Jésus nous a apporté, nous enseignes aussi le vocabulaire de Dieu et les marches à suivre avant d'amorcer une discussion avec lui.

_Pour nos langues humaines enseignées par des professeurs, il existe comme je l'ai dit ci-haut plusieurs façons d'introduire une discussion avec quelqu'un mais voici ce qu'il en est de la langue de Dieu enseigné par le el professor, le plus grand professeur le seul à détenir les principes de la langue de Dieu, à savoir le Seigneur Jésus Christ enfin que nous entrions en contact avec Dieu:

_En Jean, 14 :6 – Jésus-Christ dit : Je suis le chemin, la vérité, et la vie. Nul ne vient au Père que par moi.

**Mais que veut dire passé par Jésus Christ comme l'intermédiaire ?**

_C'est tout simplement de croire en lui comme le seul par lequel vous êtes sauvé de vos péchés, car pour s'approcher de Dieu, il fallait être saint puisque Dieu est Saint (Jean 3 :36). Avec plus de détail dans les textes bibliques suivants:

- Jean, 1:12 - Mais à tous ceux qui l`ont reçue, à ceux qui croient en son nom, elle a donné le pouvoir de devenir enfants de Dieu, lesquels sont nés…
- Éphésiens, 2:18 - car par lui nous avons les uns et les autres accès auprès du Père, dans un même Esprit.
- Éphésiens, 3:12 - en qui nous avons, par la foi en lui, la liberté de nous approcher de Dieu avec confiance.

_A lire aussi : Actes 4 :12, Actes 10 :43, 1Timothée 2 :5.

**Mais comment faut-il croire en Jésus Christ ?**

_Croire par définition c'est avoir confiance en une personne ou quelque chose, or la confiance c'est avoir de l'assurance donc on croit en Jésus en lui faisant confiance que c'est par lui uniquement qu'on est sauvé. Le texte suivant nous répond clairement à la question :

- Romains, 10:9 - Si tu confesses de ta bouche le Seigneur Jésus, et si tu crois dans ton cœur que Dieu l`a ressuscité des morts, tu seras sauvé.

**Et enfin Pourquoi uniquement par Jésus Christ on parvient au Père ?**

_C'est parce que le père lui-même a rendu témoignage de lui en nous recommandant de lui suivre:

- Matthieu, 17:5 - Comme il parlait encore, une nuée lumineuse les couvrit. Et voici, une voix fit entendre de la nuée ces paroles: Celui-ci est mon Fils bien-aimé, en qui j`ai mis toute mon affection: écoutez-le!

_Par cet enseignement du grand Professeur, nous avons découvert comment nous pouvons amorcer une discussion avec Dieu. Ainsi à toi qui veut croire nouvellement ou qui connaissait le Christ sans croire en lui, faites cette bien heureuse prière :

**« Seigneur Jésus Christ, je crois de tout mon cœur que par votre sacrifice accomplit à la croix, tous mes péchés sont pardonnés, effacés et oubliés ; ainsi je viens à vos pieds en cet instant, me reconnaissant pécheur(esse) et dans le besoin d'être sauvé, vous demander de me purifier par votre sang, et de me faire un enfant véritable de Dieu, étant nait de nouveau, vivant cette fois ci par votre Esprit Saint qui je crois habite en moi désormais, car j'accepte de vous ouvrir la porte de mon cœur et me laisser être guider par vous et non selon les désirs de ma chair et du monde, j'abandonne le mensonge, le vol, l'escroquerie, l'impudicité, l'impolitesse, la cupidité, la haine, la jalousie, la rancune, la convoitise, la drogue, la cigarette, le banditisme, les relations sexuelles illicites, les ajouts artificiels sur mon corps et toutes sortes des choses ne glorifiant pas ton saint Nom et je crois de tout mon cœur, de toute mon âme et de toute ma foi qu'au nom de Jésus Christ de Nazareth, je suis définitivement sauvé de l'emprise du péché et tous liens maléfiques de l'ange déchu satan. Je prie par vous avoir accès à parler au Père en toute quiétude, j'ai ainsi prié en ton seul nom Jésus Christ et j'ai dit Amen! ».**

**N.B**. : Retenez encore ceci : ce n'est pas l'effet d'avoir fait la prière juste comme un formulaire de passage qui sauve mais c'est en **croyant** fermement et réellement en la bonne nouvelle du Salut obtenu par la mort et la résurrection du Seigneur Jésus Christ.

**b) Par quel moyen on peut maintenant entendre Dieu.**

_Croire en Jésus Christ c'est aussi pratiqué ses consignes qu'il démontre pour mieux parler au Père et être sûr de recevoir de lui ce que nous lui demandons. Car **entendre Jésus c'est entendre Dieu, puisque Dieu a mis en lui sa parole.**

_Certes nous entendons la langue de Dieu par CHRIST ; mais comme pour toutes langues qui ne sont pas commune à notre entendement, nous avons du mal à comprendre le sens de ce que nous entendons. De la même manière, il y a plusieurs qui peuvent entendre la parole de Dieu sans comprendre son sens, car il n'est pas qu'une question d'entendre ce que dit Dieu mais aussi de comprendre ce que dit Dieu, pourvu de faire exactement la volonté de Dieu.

_Voilà l'Eternel Dieu d'amour avait tout prévu pour nous aider à comprendre sa parole en nous envoyant le SAINT ESPRIT qui nous éclair la compréhension de ce que nous entendons (Jean 14 :26 ; 16 :13)

**Alors comment recevoir le Saint Esprit ?**

_Premièrement il est capital de préciser que le Saint Esprit n'est pas un objet, ni une énergie identique au courant comme la plupart le pensent. D'ailleurs il y a toute une branche dans la théologie dénommé « PNEUMATOLOGIE » qui est spécifique pour étudier en profondeur sur la précieuse personne du Saint Esprit.

_Dans l'ancienne alliance, avant l'arrivé sur terre du Seigneur Jésus, le Saint Esprit ne descendait pas sur tout le monde mais qu'à certaines personnalités particulières et en plus pour un temps (1Samuel 10 :10, Deutéronome 34 :9). Ces hommes étaient les appelés particuliers de Dieu dont les prophètes, sacrificateurs, rois et juges.

_Mais par leur faiblesse, l'Esprit ne demeurait pas sur eux longtemps et leur quitté dès leur désobéissance, parce que malgré l'avoir reçu, il ne pouvait pas par leur propre force respecté les principes de l'Esprit Saint enfin qu'il demeure en eux.

_Quand ils mourraient, le peuple redevenait errant et rechuté souvent dans le péché (Juges 2 :10, Juges 16 :20, 1Samuel 18 :12)

_Mais Dieu promet en Joël 2 :28, qu'à un certain moment il répandra son esprit sur toute chaire. Donc rois ou pas, sacrificateurs ou pas, israélites ou pas l'Esprit demeurera en eux longtemps.

**Par quel moyen cette promesse de Joël 2 :28 devrait s'accomplir ?**

_C'est en Jésus Christ que ça s'accomplit (Actes 2 :33)

_Il est celui qui a porté les peines qu'on aurait dû souffrir pour que toutes chaires soient trouvé dignes d'être le choix appelé de Dieu enfin de recevoir le Saint Esprit (1Pierre 2 :21)

_Et ceci juste par **la foi en cette œuvre**, CHRIST nous rend candidat compatible à recevoir le Saint Esprit (Galates 3 :2-5)

_Cette fois ci nous mourrons avec CHRIST à la croix, ceci veut dire que notre corps n'a plus aucun pouvoir sur nous car il est mort mais nous ressuscitons avec CHRIST en Esprit enfin de vivre cette fois ci selon l'Esprit. Ainsi le Saint Esprit demeurera en nous, Car le corps n'a plus aucun pouvoir de nous condamner enfin que l'Esprit nous quitte (Romains 8 :1) Tous nos péchés sont pardonnés.

_Nous sommes devenus des nouvelles créatures en Esprit (2Corinthiens 5 :17)

_Mon Frère, ma sœur en Jésus Christ nous sommes les appelés de Dieu enfin de lui servir. Nous devons toute notre reconnaissance à notre Seigneur, voilà des sujets de notre adoration envers lui, car le Seul moyen de recevoir le Saint Esprit c'est par la foi en Jésus Christ.

_Ainsi pour reconnaitre la personne qui travaille réellement avec le véritable Saint Esprit et non les démons, il faut que ce qu'elle fait soit conforme à la Parole de Dieu, car Jésus Christ est la parole de Dieu.

_Voici quelques précieux consignes sur la langue de Dieu qui est sa Parole enfin que Dieu nous écoute (CHRIST) :

- Matthieu, 6:6 - Mais quand tu pries, entre dans ta chambre, ferme ta porte, et prie ton Père qui est là dans le lieu secret; et ton Père, qui voit dans le secret, te le rendra.
- Matthieu, 6:7 - En priant, ne multipliez pas de vaines paroles, comme les païens, qui s`imaginent qu`à force de paroles ils seront exaucés.
- Marc, 11:25 - Et, lorsque vous êtes debout faisant votre prière, si vous avez quelque chose contre quelqu`un, pardonnez, afin que votre Père qui est dans les cieux vous pardonne aussi vos offenses.

_Et enfin le plus grand consigne est le suivant, car c'est par ceci que les miracles se déclenchent :

- Marc, 11:24 - C`est pourquoi je vous dis: Tout ce que vous demanderez en priant, croyez que vous l`avez reçu, et vous le verrez s`accomplir.

_Voilà notre langage divin pour parler avec Dieu et l'entendre. Comme par exemple en Français, nous avons des principes à respecter pour bien discuter avec quelqu'un et si nous les respectons totalement nous avons l'assurance d'en recevoir une suite agréable. De la même manière si nous respectons les principes de la langue de Dieu qui est **sa parole**, nous avons l'assurance de recevoir par lui ce que nous demandons, voici les raisons à graver dans nos cœurs et pensées :

- Jean, 14:13 - et tout ce que vous demanderez en mon nom, je le ferai, afin que le Père soit glorifié dans le Fils.
- Jean, 14:14 - Si vous demandez quelque chose en mon nom, je le ferai.
- Jean 14 :7- Si vous demeurez en moi, et que mes paroles demeurent en vous, demandez ce que vous voudrez, et cela vous sera accordé

_Le Seigneur Jésus Christ est fidèle et il va l'accomplir certainement.

_Déjà à cette étape, vous avez réalisé de fois peut être ce qui empêchait Dieu de vous entendre et de répondre à votre prière, enfin de soulager votre souffrance, ce n'était pas une question de larmes, ni de beaux discours mais une question de croire en Jésus Christ, car c'est par lui que nous sommes entendu par Dieu comme maintenant parlant sa langue.

## CHAPITRE III. LE VOCABULAIRE DE LA LANGUE DE DIEU

### 3.1. Généralités

_En dehors, de la méthode à utiliser comme nous l'avons vu au précédent chapitre enfin d'amorcer une discussion avec quelqu'un pour chaque langue, il y a aussi le vocabulaire qui est l'ensemble des mots employés par un peuple selon leur langue.

_Or selon nos dictionnaires respectifs, on nous définit le mot comme étant une succession des sons, pourtant je veux vous donner une explication selon moi enfin de vous aider à mieux comprendre la profondeur de cette partie si importante et merveilleuse.

_D'après moi, un mot est une appellation accordée à une action ou à un sentiment physique, morale ou spirituel enfin de lui différencier d'un autre.

_Considérons, lorsqu'une personne fait l'action de ne jamais désiré le succès des autres, on appelle ça de la jalousie. Lorsqu'une personne trouve une situation non résolvant on appelle ça Impossible ou encore lorsqu'on ressent une forte affection pour quelqu'un on appelle ça de l'amour. Je crois déjà avec ces exemples, vous avez compris où je veux en venir.

_Il faudrait savoir aussi que les choses peuvent restées les mêmes mais n'ayant pas la même appellation à travers le monde; car par langue elles ont une appellation particulière. Par exemple une chaise reste la chaise partout dans le monde mais pour les anglophones ça sera appelé "The Chair", pour les lingalaphones ça sera appelé "Kiti", ainsi de suite. Donc ça change des appellations dépendant de la langue. A ne pas oublier que la langue ne sert pas qu'à la communication mais aussi à l'identification. Donc la façon d'appeler quelque chose détermine votre origine.

_D'ailleurs j'aimerais aussi que vous reteniez ceci: Il y a des régions où certains termes n'existent pas, juste parce-que cette action n'existe pas dans leur région.

_Les mots suivants sont intraduisibles dans d'autres langues puisque d'autres langues ne trouvent pas d'équivalence avec leur vocabulaire et leurs significations ne s'exécutent pas dans leur région :

- ***Serendipity*** (anglais) : ce mot fut inventé par Horace Walpole en 1754. Il désigne la capacité à découvrir une chose désirée, mais de manière accidentelle
- ***Koev Halev*** (hébreux) : c'est une expression qui désigne le fait de ressentir la douleur de quelqu'un, à tel point que l'on souffre également.
- ***Chuzhbinia*** (bulgare) : les Bulgares utilisent ce mot pour parler de n'importe quel endroit sur terre qui se trouve en dehors de la Bulgarie
- ***Dépaysement*** (français) : « Homesickness » en anglais ne serait pas une traduction assez forte. Ce mot français est quasiment impossible à traduire dans d'autres langues, puisqu'il désigne la sensation d'être un étranger dans un pays que l'on ne connaît pas.
- ***Duende*** (espagnol) : ce mot est considéré comme le mot espagnol le plus difficile à traduire. Il désigne la réaction émotionnelle d'une personne face à une œuvre d'art, mais est également employé pour parler du charme de quelqu'un.

**N.B**. : Ainsi pour mieux connaître la langue de Dieu, il est d'une douce importance de connaître aussi le vocabulaire de sa langue.

### 3.2. Les mots qui existent et n'existent pas dans le vocabulaire de Dieu

#### 3.2.1. Les mots qui n'existent pas dans le vocabulaire de la langue de Dieu.

_Ces mots ne se trouvent pas dans le vocabulaire de Dieu, puisque rappelez-vous je vous avais dit qu'une langue est importante non seulement pour communiquer mais aussi pour identifier, ainsi donc la langue de Dieu se parle dans sa région, dans son territoire où les habitants n'ont pas à employer ces mots, puisque dedans il n'y a carrément aucun moyen de vivre les actions ou sentiments dont signifient ces mots.

1) Impossible
2) Inquiétude
3) Faiblesse
4) Échec
5) Tristesse
6) Trouble
7) Abandon
8) Maladies
9) Pauvreté
10) Chance
11) Haine
12) Fornication
13) Jalousie
14) Orgueil
15) Incrédulité
16) Difficile
17) Incurable
18) Sous-estimation
19) Pleurs
20) Blocage
21) Incicatrisable
22) Malédiction
23) Mort
24) Impardonnable

### 3.2.2. Les mots qui existent dans le vocabulaire de DIEU

1) Au lieu du mot Impossible: Dans la région de Dieu C'est **POSSIBLE**. Le Seigneur Jésus nous enseigne en Marc, 10:27 - Jésus les regarda, et dit: Cela est impossible aux hommes, mais non à Dieu: car tout est possible à Dieu. Donc en Dieu, nous avons la solution à tous les problèmes.

2) Inquiétude: C'est **QUIETUDE**. Car en Ésaïe, 41:10, Dieu nous dit: - Ne crains rien, car je suis avec toi; Ne promène pas des regards inquiets, car je suis ton Dieu; Je te fortifie, je viens à ton secours, Je te soutiens de ma droite triomphante.

3) Faiblesse: C'est **FORCE**. Joël, 3:10 - De vos hoyaux forgez des épées, Et de vos serpes des lances! Que le faible dise: Je suis fort!

4) Échec: C'est **REUSSITE**. Car en Proverbes 16 :3 la parole de Dieu nous dit : « Recommande à l'Eternel tes œuvres et tes projets réussiront. » Pourquoi ces projets réussiront parce que c'est recommandé à celui dont l'échec n'existe pas.

5) Tristesse: C'est **JOIE.** Car en Psaumes 16 :11 la parole de Dieu nous dit : « Tu me feras connaitre le sentier de la vie ; il y a d'abondantes joies devant ta face, des délices éternelles à ta droite.

6) Trouble : C'est **PAIX**. Car en Jean 14 :27 la parole de Dieu nous dit : « Je vous laisse la paix, je vous donne ma paix. Je ne vous donne pas comme le monde donne. Que votre cœur ne se trouble pas, et ne s'alarme point.

7) Maladie: C'est **GUERISON.** Car en Jérémie 33 :6 la parole de Dieu nous dit : « Voici, je lui donnerai la guérison et la santé, je les guérirai, et je leur ouvrirai une source abondante de paix et de fidélité »

8) Pauvreté : C'est la **RICHESSE**. Car en 2 corinthiens 8 :9 la parole de Dieu nous dit : « Car vous connaissiez la grâce de notre Seigneur Jésus Christ, qui pour vous s'est fait pauvre, de riche qu'il était, afin que par sa pauvreté vous fuissiez enrichis »

9) Chance: c'est la **GRACE**. Car en Hébreux 4 :16 la parole de Dieu nous dit : « Approchons nous donc avec assurance du trône de la grâce afin d'obtenir miséricorde et de trouver grâce, pour être secourus dans nos besoins ».

- Sachez que la chance est un fruit du hasard mais la grâce de Dieu est permanente dans notre vie. D'où il faut compter sur la grâce de Dieu.

10) Haine: c'est l'**AMOUR** Jean, 15:12 - C`est ici mon commandement: Aimez-vous les uns les autres, comme je vous ai aimés.

11) Péché: c'est la **SAINTETE**. Car en 1Pierre 1 :16 la parole de Dieu nous dit : « Vous serez saints, car je suis saint ».

12) Orgueilleux: c'est l'**HUMILITE**. Car en 1 Pierre, 5:5 la parole de Dieu nous dit : - De mêmes, vous qui êtes jeunes, soyez soumis aux anciens. Et tous, dans vos rapports mutuels, revêtez-vous d`humilité; car Dieu résiste aux orgueilleux, Mais il fait grâce aux humbles. Sophonie, 2:3 - Cherchez l`Éternel, vous tous, humbles du pays, Qui pratiquez ses ordonnances! Recherchez la justice, recherchez l`humilité! Peut-être serez-vous épargnés au jour de la colère de l`Éternel.

13) Incrédulité: c'est la **FOI**. Car en Hébreux 10 :38 la parole de Dieu nous dit : « Et mon juste vivra par la foi ; mais ; s'il se retire, mon âme ne prend pas plaisir en lui ».

14) Stérilité : C'est **FERTILITE**. Car en Psaumes 113 :9 la parole de Dieu nous dit : « Il donne une maison à celle qui était stérile, il en fait une mère joyeuse au milieu de ses enfants. Louez l'Eternel ! »

Esaïe 54 :1 la parole de Dieu nous dit aussi: « Réjouis-toi, stérile,-toi qui n'enfantes plus ! Fais éclater ton allégresse et ta joie, toi qui n'a plus de douleurs ! Car les fils de la délaissée seront plus nombreux… »

15) Moins que rien: C'est **VALORISE**. Car en 1Pierre 2 :4 la parole de Dieu nous dit : « Approchez-vous de lui, pierre vivante, rejetée par les hommes,, mais choisie et précieuse devant Dieu... »

- Tu n'es pas un moins que rien, tu n'es pas une erreur de la nature, tu n'es pas un accident mais tu es précieux (se) devant Dieu.

16) Désespoir : C'est l'**ESPOIR**. Car en 1Timothée 4 :10 la parole de Dieu nous dit : « Nous travaillons, en effet, et nous combattons, parce que nous mettons notre espérance dans le Dieu vivant, qui est le Sauveur de tous les hommes, principalement des croyants ».

17) Blocage: C'est **OUVERTURE**. Car en Apocalypse 3 :7 la parole de Dieu nous dit : « Voici ce que dit le Saint, le véritable, celui qui a la clé de David, celui qui ouvre, et personne ne fermera, celui qui ferme, et personne n'ouvrira ».

- Donc celui à qui Dieu a ouvert les portes de bénédiction, personne ne peut bloquer.

18) Incicatrisable: C'est **CICATRISABLE**. Car en Luc 4 :18 la parole de Dieu nous dit : « l'Esprit du Seigneur est sur moi, il m'a oint pour annoncer la bonne nouvelle aux pauvres ; il m'a envoyé pour guérir ceux qui ont le cœur brisé ».

- Quel que soit la blessure du cœur, le Seigneur Jésus Christ guérit complètement.

19) Malédiction: C'est la **BENEDICTION.** Car en Galates 3 :13-15 la parole de Dieu nous dit : « Christ nous a rachetés de la malédiction de la loi, étant devenu malédiction pour nous, car il est écrit : Maudit quiconque est pendu au bois. –afin que la bénédiction d'Abraham, eût pour les païens son accomplissement en Jésus Christ… ».

20) Mort: C'est la **VIE**. Car en Jean 8 :51 la parole de Dieu nous dit : « En vérité, en vérité, je vous le dis, si quelqu'un garde ma parole, il ne verra jamais la mort. »

- La mort dont le Seigneur Jésus parle c'est cette mort spirituelle dont lorsque après être mort physiquement, ton éternité se passe en enfer où la souffrance sera interminable. Donc celui qui garde la parole de Dieu, ne vivra pas cette mort spirituelle de la souffrance mais même après être mort physiquement, il vivra éternellement en esprit dans le repos et la joie après cette réalité terrestre.

21) Impardonnable : C'est **PARDONNABLE**. Car en 1Jean 1 :9 la parole de Dieu nous dit : « Si nous confessons nos péchés, il est fidèle et juste pour nous pardonner, et pour nous purifier de toute iniquité ».

- Il existe aucun péché que Dieu ne peut pas pardonner à ces enfants. Là où les hommes ne t'ont pas pardonné, Dieu te pardonnera, car la dimension de son amour pour nous est au-delà de quiconque d’autres.

_Tout ceci enfin de vous faire réaliser, que si dans telle ou telle autre situation par exemple dans le monde on vous a dit que c'est Impossible, dans le monde de Dieu vu que le mot impossible n'existe pas, vous aurez certainement la solution à tous les problèmes. Si le monde vous a dit que votre blessure du cœur restera à jamais gravé et incicatrisable, par contre dans le monde de Dieu toutes blessures du cœur sont cicatrisables. Si les médecins de ce monde ont déclaré incurable ta maladie, dans le monde de Dieu la guérison règne. Si on t'a dit que tu allais mourir, chez Dieu il n'y a pas la mort. On t'a dit que tu es maudit, bloqué, stérile, pauvre, sachez que c'est normal puisque le monde vit ces choses mais dans le monde de Dieu ces mots n'existent pas.

_Quittons le monde avec nos qualifications de notre vocabulaire humain pour rejoindre le monde de Dieu enfin de jouir des mots du vocabulaire de sa langue.

_C'est tellement merveilleux, pourtant il faut savoir pour mieux jouir dans le monde de Dieu, on y entre pas avec les actions relatives à l'orgueil, fornication, mensonge car ces choses y sont interdites. Celui qui se retrouve dans le monde de Dieu vivra dans l'amour, car là dans le monde de Dieu le mot haine n'a pas de place.

_Ainsi, la question pertinente sera, où est la région de Dieu et comment y entré?

### 3.3. Comment entré dans la région de Dieu

_Maintenant je vais vous faire découvrir par l'aide du Saint Esprit, comment entré dans le monde de Dieu :

_Pour voyager, il faut respecter toutes les conditions de voyage pour le faire avec toute quiétude.

_De même pour habiter dans le monde de Dieu, le voyage demande aussi des modalités à respecter pour être admis dans le monde de Dieu. D'ailleurs soyez en sûr, on vit dans le monde de Dieu Spirituellement par la foi et non d'une manière physique. C'est-à-dire que la région de Dieu n'est pas pays sur terre où tout le monde doit y aller certainement pour leur salut mais partout où tu peux être, rien qu'aussi simple que par ta foi tu entreras dans le monde de Dieu, le monde du possible. Vous êtes sur terre corporellement mais vous êtes dans le monde de Dieu spirituellement, de telle sorte que ça soit le monde de Dieu qui puisse influencer votre vie sur terre, car le spirituel domine sur le physique.

_Dieu est Saint, et rien d'impur ne s'approche de là où il est mais à tous ceux qui croient en CHRIST, il a dit que là où je serais vous serez aussi. Il le dit clairement en Jean 17 :24 « Père, je veux que là où je suis ceux que tu m'as donnés soient aussi avec moi, afin qu'ils voient ma gloire, la gloire que tu m'as donnée, parce que tu m'as aimé avant la fondation du monde ». Or Jésus est allé là où se trouve Dieu, jargon expliquant son retour à sa divinité dans le Royaume de cieux. Ainsi donc en croyant en lui, CHRIST nous rends parfait devant le Père enfin d'être admis et être dans son Royaume (Colossiens 1 :28). Nous rendre parfait devant le Père, est une expression spirituelle démontrant que nous devenons admis à être dans la présence du CHRIST dans sa dimension divine brulante entant que juge. Donc notre nature pécheresse qui se consumerait aussitôt dans la présence du Tout-Puissant, est morte et nous sommes revêtus d'une nature gracieuse. CHRIST nous dit encore vous êtes dans ce monde, mais vous n'êtes pas de ce monde (Jean 15 :19). Il parlait de ceux qui croient en lui. Le Seigneur Jésus Christ à la croix a payé notre visa pour le Royaume de cieux par son sang. Notre foi maintenant est comme l'avion qui nous conduit dans le Royaume de cieux, où le CHRIST est lui-même le pilote. Voyez combien l'œuvre de la croix est multidimensionnelle.

_Tel que nous l'avons vu ci-haut dans le deuxième chapitre où nous avons développé que nous entendons les réponses de Dieu par sa parole qui est sa langue, ainsi la crainte n'aura plus sa place puisque nous avons déjà nos réponses sur toutes les préoccupations de notre vie.

_ Voici ce que doit se dire celui ou celle qui a compris ces mystères :

- Comme je sais que le mot impossible n'existe pas dans la langue de Dieu, donc j'ai l'assurance que tout ce que je demanderais à Dieu sera possible pour l'avoir, car de la bouche de Dieu la réponse impossible ne sortira pas ;
- Comme je sais que le désespoir n'existe pas dans le monde de Dieu, donc je ne désespère pas, j'ai garderai espoir, car je suis

concitoyen du Royaume de Dieu ;

- Même si mon corps me donne l'impression d'être malade, en réalité je ne suis pas malade mais je suis guéri car dans le monde de Dieu la maladie ne règne pas;
- Même si ce monde terrestre m'appelle pauvre, je sais que je suis riche ;
- Même à l'hôpital on m'a dit que je ne peux avoir des enfants, mais puisque je me retrouve en Dieu où la stérilité n'existe pas, ce que j'enfanterai ;
- Même si les hommes me traitent d'insensé, d'incapable et moins que rien, je ne m'inquiéterai pas, car je sais que j'ai de la valeur en Dieu ;
- Comme je vis dans le monde de Dieu spirituellement, j'en suis le représentant physique en ce monde terrestre, d'où je dois me comporter avec des actions qui sont dans le monde de Dieu sur cette terre dont l'amour ; la joie, la patience ; le partage ; la tempérance et non copié les actions du monde terrestre dont la haine ; la jalousie ; la méchanceté…

## CHAP IV. L'UNITE PAR UNE SEULE LANGUE

### 4.1. L'ORIGINE DE LA DIVISION DE LA LANGUE ET DU MONDE

_En Genèse 11 : 1- 9, nous révèle l'histoire qui explique aujourd'hui la raison pour laquelle il existe plusieurs langues dans le monde. Cette dernière démontre que les hommes parlaient tous une même langue au début mais suite à un projet qu'ils avaient consentis enfin de construire une ville et une tour dont le sommet soit jusqu'aux cieux. Ce projet n'ayant pas plu à l'Eternel, car ils étaient animés d'une mauvaise foi, il confondit leur langage afin que les hommes ne se comprennent pas.

_J'aimerais que vous réalisiez que les hommes parlaient une même langue, qui était bien sûr humaine, je pense que c'était merveilleux de s'entendre et se comprendre facilement mais les hommes n'ont pas utilisé ce bon cadeau de la part de Dieu pour concevoir des projets à la gloire de Dieu, par contre ils l'ont utilisés dans l'orgueil de leur cœur.

### 4.2. LA REUNIFICATION DU MONDE PAR LA LANGUE DE DIEU

_En Actes 2 : 1-11, nous décrit cette histoire réelle de la descente du Saint Esprit sur les apôtres pendant le jour de la pentecôte qui était une fête réunissant les habitants de la terre entière.

_Lorsque le Saint Esprit descendu sur les apôtres, ils commencèrent à parler en d'autres langues étrangères, juifs qu'ils étaient n'ayant aucunement étudié ou appris cela quelque part. Les habitants de toute la terre qui était réuni à Jérusalem pour la fête de la pentecôte dont les romains ; les crétois ; les arabes ; les égyptiens ; les élamites et tant d'autres les entendaient parler les merveilles de Dieu dans leurs langues respectives et ils s'approchèrent tous auprès des apôtres pour savoir ce qui s'est passé et de là l'un des apôtres nommait Pierre leur annonça la bonne nouvelle dont plus de 3000 âmes furent sauvés

**Quelle est donc la relation entre ces deux histoires authentiques ?, Quel est le message que Dieu nous donne à travers cela ? Quelle lumière recevoir de ceci ?**

_Quand les hommes parlaient une même langue humaine, cela, leur a conduit à une mauvaise action de telle sorte que Dieu les punisse en leur faisant parlé de différentes langues et cela a conduit par la suite à la division de l'humanité, car les peuples se réunissaient en fonction de la même langue parlée. Personne dans cet univers même s'il se donnait à fond ne peut connaitre toutes les langues du monde  cela est impossible pour un être humain.

_Mais le Seigneur Jésus christ par son Esprit Saint a accordé aux apôtres à un laps temps de parler en toutes ces différentes langues, les merveilles de Dieu le jour de la pentecôte, de telle sorte ces hommes qui remplissaient la ville de Jérusalem qui étaient entrain chacun de parler au début avec la personne parlant sa langue, donc ils étaient certainement éparpillés mais à partir de cet évènement, eux tous se réunirent au tour des apôtres pour les entendre, et maintenant ils les annoncèrent la parole de Dieu.

**Que ceci signifie donc ?**

_Les apôtres sont l'image de l'église, le fait que le Seigneur Jésus Christ permis d'abord par la puissance de son Esprit Saint que les apôtres parlent en langues étrangères étaient pour démontrer que l'église unit le monde. Que toutes les langues, toutes les tribus sans distinction, sont admises enfin d'être membre de l'église qui est le  corps du Christ. Ainsi malgré nos diversités, nous sommes réunis dans l'église corps du christ par la parole de Dieu qui est notre langue unique désormais.

_Ceux qui sont en Afrique, en Amérique, en Asie, en Europe, en Océanie malgré leurs différences des langues humainement parlant qui leur divisent et créent l'incompréhension entre eux, parlent désormais une même langue qui est la parole de Dieu ayant son vocabulaire et principes comme nous avons vu ci-haut. Ainsi vous remarquerez que ça soit en français, en anglais, en lingala, en espagnol, les croyants de toute la terre parlent de de la même parole, obéissent et agissent selon elle.

_A titre illustratif la parole de DIEU nous dit que le Seigneur JESUS CHRIST est notre Seigneur et Sauveur personnel. Dans les pays francophones cela sera annoncé de la manière dont j'ai écrit mais par exemple dans les pays anglophones on dira The bible said that Lord Jesus Christ is our lord and savior. Donc ce même langage, cette même parole sera prêchée de la même manière partout dans le monde quoi que chacun la traduise en sa langue humaine pour la comprendre. Le fond demeure le même partout.

_Le monde divisé par plusieurs langues se réunit dans l'église par une seule langue qui est la parole de Dieu, la langue que Dieu parle.

Textes bibliques : 1CORINTHIENS 12 : 1-31 ; APOCALYPSE 7 : 9-10

## 4.3 L'IMPACT DE LA LANGUE DE DIEU DANS LES DIFFERENTS DOMAINES DE LA VIE

1) SUR LE PLAN SOCIAL

Aujourd'hui nous pouvons constater que les riches aiment souvent se côtoyer entre eux et les pauvres avec beaucoup de complexes n'arrivent pas à les côtoyer mais préfèrent discutaient entre eux pauvres, de fois passé du temps à commérer autour de leurs noms. S'il reste qu'une place et qu'il y a un pauvre et un riche, le choix sera clair pour le monde de faire asseoir le riche.

Mais grâce à l'unité que nous procure la parole de Dieu, il n'y a plus d'acception pour personne. Sur une même table, peut être assis pauvres et riches sans complexes mais remplis de joie en train de se partager la merveilleuse parole de Dieu. (JACQUES 2 :1-5)

ROMAINS 2 :11 « Car devant Dieu, il n'y a point d'acception de personnes »

2) SUR LE PLAN INTELLECTUEL

Il peut y avoir des notions dans le domaine scientifique dont seules les personnes très intelligentes peuvent comprendre, quoi qu'on dise que tout le monde est intelligent , pourtant nous n'avons pas le même niveau de Q.I. intellectuel, ce qui fait à ce que la compréhension des choses ne soit pas la même à tous mais à la différence avec les choses de Dieu, c'est que sa langue peut être comprise par tout le monde à qui le Fils veut révéler, or la volonté du fils ce que tous soient révélés de la parole de Dieu pour être sauver (MATHIEU 11 : 25-28, 2PIERRE 3 :9) personnes intelligentes ou moins intelligentes dans le monde entier, nous avons tous la capacité par la puissance du Saint Esprit de comprendre toute la quintessence de la Parole de Dieu et de la partager autour d'eux.

D'ailleurs, une fois mon père m'a relaté une histoire dont un jour, ils étaient allé au village pour prêcher l'évangile aux villageois analphabètes, qui à leur grande surprise, reçurent la parole avec joie et l'ont parfaitement bien compris. De telle sorte qu'un jour, après leur avoir quitté longtemps depuis le jour de la campagne, à leur retour d'investigation les villageois leur dirent comment ils ont eu à chasser certains pasteurs qui venaient leur tromper dans la parole de Dieu, donc ils avaient tellement bien compris les choses. En Dieu ; il n'y a pas de sots.

3) SUR LE PLAN PROFESSIONNEL

Dans le domaine du travail, plusieurs déontologies sont mises en place pour assurer le bon déroulement du travail et sur un point managérial, il est conseillé de tenir un comportement efficace envers ses employés pourvu que ceux-ci fassent bien leur travail et participent à la réalisons des objectifs tant fondamentaux que subsidiaires de l'entreprise. Chose que particulièrement entant qu'économiste trouve bon.

Alors la grande question sera de savoir en quoi la parole de Dieu peut venir intervenir, car tout a été bien normalisé ?

Certes que tout est fait pour la bonne harmonie du travail mais quoi que le travail est normalisé mais il est exercé par des personnes que nous appelons en économie « personnes physiques ». Ainsi ces personnes physiques détournent souvent ces lois enfin de parvenir à leur propre bon vouloir et vous constaterez que la méritocratie devient de plus en plus faible dans le domaine de l'emploi, car la plupart de directeurs engagent leurs membres de la famille et n'importe qui juste par connaissance. Et vous constaterez comme autres vices, le vol des employés auprès de leurs employeurs, des empoisonnements entre employés pour la conquête d'un certain poste et tant d'autres...

Voilà que la parole de Dieu dans les cœurs sincères de ceux qui travaillent, entant qu'employeurs ou employés conduira ceux-ci à exercer leurs métiers dans les normes avec honnêteté et responsabilité, et sont capables de s'aimer les uns les autres non que pour du travail. (EPHESIENS 6 :8)

4) SUR LE PLAN CULTUREL

Il existe multiples cultures dans le monde qui sont propres à chaque peuple, permettant même quelque fois de différencier les peuples. De ces cultures naissent le racisme ; le tribalisme et tant d'autres choses mettant les humains en discordent quoi qu'aujourd'hui certaines personnes appartenant à un autre peuple essayent de copier la culture des autres.

Je pense que sur ce plan, ceux qui ont bien maitrisé le contenu, connaissent déjà l'impact de la langue de Dieu dans ce cas-ci.

En Jésus Christ, nous avons tous la même culture, africains ou pas ; européens ou pas ; américains ou pas ; asiatiques ou pas ; océaniens ou pas et notre culture c'est la parole de Dieu. (EPHESIENS 3 :14-15)

LA PAROLE DE DIEU UNIT LE MONDE DANS TANT D'AUTRES DOMAINES TELS QUE SUR LE PLAN TERRITORIALE ; LE PLAN MORALE ; LE PLAN ECONOMIQUE...

## CHAP V. LES TEMOIGNAGES

_Nous allons voir les témoignages de ceux qui ont eu à respecter les principes de la langue de Dieu, comment l'Eternel Dieu a changé les circonstances de leurs vies, car désormais ils se comprenaient bien avec le Créateur :

_Nous avons vu au tout début, que comme la salutation et autres formes de politesse dans les langues humaines sont des moyens nous permettant d'amorcer une discussion avec quelqu'un, dans la langue de Dieu, c'est le Seigneur Jésus Christ qui est notre formule de politesse, notre langue à utiliser comme canal de communication était le Seigneur Jésus et pour que cela ait un impact, il nous faut croire en Jésus. Voici alors quelques témoignages de ceux qui ont eu à croire en Jésus Christ et ont vu la main de Dieu :

- En Actes 14 :8-10 : C'est l'histoire de cet homme qui ne marchait pas depuis sa naissance, et qu'il n'avait jamais marché mais quand il écouta la bonne nouvelle, il y eut foi qu'il serait guéris et sur le champ le Serviteur de Dieu Paul qui écoutait là, ordonna son redressement et il se leva.
- En Mathieu 9 :27-29 : C'est l'histoire de ces deux aveugles qui crurent en Jésus Christ, car il avait le pouvoir de leur faire voir et cela fut le cas car ils crurent.

Si de même tu cois maintenant de tout ton cœur premièrement en Jésus Christ et non à tes bons français ; anglais et éloquence pour essayer d'impressionner Dieu, tout ce qui te brise les cœurs et t'empêchent de vivre le bonheur seront ôté.

_Nous avons aussi vu que si nous voulons vivre un miracle de la part de Dieu, nous dévierons entendre aussi Dieu enfin de respecter ces principes, principes dont le Seigneur Jésus nous a enseignés. Voici les témoignages de ceux qui ont écoutés les consignes du Seigneur et ont vu la main de Dieu :

Déjà il est écrit Psaumes 34 : 10 : « Craignez l'Eternel, vous ses saints ! Car rien ne manque à ceux qui le craignent ».

- En Actes 10 :1-4 : C'est l'histoire d'un homme nommait Corneille qui marchait dans la crainte de Dieu avec toutes ses aumônes et qui faisaient beaucoup d'aumônes jusqu'au jour où le Seigneur lui visita en envoyant son ange lui dire que Dieu s'est souvenu de ses prières et de lui faire appeler l'Apôtre Pierre enfin que le Salut entre dans sa maison.
- En Josué 1 :7 : C'est l'histoire de Josué, cet homme qui succéda Moïse enfin de conduire le peuple d'Israël jusque dans la terre promise. Ce dernier, tout ce qu'il faisait ou demandait à Dieu réussissait, car il marchait dans la crainte de Dieu en respectant la volonté de Dieu sans s'en détourné ni à gauche ni à droite comme il le lui avait dit.

_Nous avons aussi vu que la langue de Dieu, le Seigneur Jésus Christ a son vocabulaire dont il y a certains mots que le monde vit mais qui ne se retrouvent pas dans le monde de Dieu. Voici les témoignages de ceux qui ont cru non aux mots des hommes mais aux mots de Dieu, à ceux qui ont fait confiance au langage de Dieu qu'au langage des hommes :

Déjà il est écrit en Esaïe 8 :12 : « N'appelez pas conjuration tout ce que ce peuple appelle conjuration ; ne craignez pas ce qu'il craint, et ne soyez pas effrayés »

- En Marc 5 :35-42 : C'est l'histoire d'un chef de synagogue qui vient auprès de Jésus pour venir guérir sa fille qui était malade et comme il parlait encore, les gens vinrent lui dirent arrêtent d'importuner Jésus, car ta fille est morte(dire des hommes) mais le Seigneur Jésus lui dit sans tenir compte des paroles : « Ne crains pas mais crois seulement », il crut non aux mots des hommes mais à ceux du Seigneur et le Seigneur Jésus ressuscita sa fille.
- En Jean 11 :41-45 : C'est l'histoire de la résurrection de Lazare, qui quoi que mort, le Seigneur Jésus Christ n'appela pas cela mort comme les gommes mais il l'appela le sommeil et il ressuscita Lazare après quatre jours sa mort sans se rendre compte de l'impossibilité de cette action scientifiquement parlons.

## MON TEMOIGNAGE

_A une période de ma vie, j'ai connu une dépression très pertinente remplit des confusions. Elle était tellement là et dans tout. Rien n'avait plus de sens dans ma vie. J'ai douté de l'existence de Dieu dans une posture élevée, je n'arrivais pas à m'imaginer qu'il ait un Dieu dans le ciel. Je ne me sentais pas enfant de Dieu, en ce moment le diable venait avec beaucoup de paroles contradictoires sur ma personnalité dans ma tête et cela me détruisait tellement mentalement, jusqu'au point de vivre des hallucinations extrêmes pas comme possibles. Les paroles mensongères du diable, avaient pris du dessus dans ma tête. Chaque matin, je me réveillais plus avec joie comme d'habitude mais avec de la peine, car je savais que je devrais lutter avec les pensées négatives du diable dans ma tête. C'est arrivé à un point où je me disais peut être ce n'est pas le diable mais que je suis en train de me combattre moi-même en me torturant mentalement et émotionnellement. Je me sentais faible et dans l'incapacité d'en parler avec qui que ça soit mais juste au Saint béni Soit-il.

_Et jusqu'à cette révélation de la langue de Dieu me soit révélé par la merveilleuse personne du Saint Esprit. Il a commencé par m'aider à nourrir ma foi en Jésus Christ et de croire qu'au travers de lui j'étais réellement enfant de Dieu et que je pouvais m'approché dignement du Père. Je ne fuyais plus les combats, mais je les affrontais maintenant avec joie, car je savais que j'allais toujours vaincre. J'avais une foi incroyable qui réjouissait mon cœur et me donnait une paix que le monde ne peut donner, car cette assurance en Jésus Christ et à son œuvre à la croix pour moi, m'avait fortement nourris. Et puis le Saint Esprit m'a révélé sur les paroles mensongères du diable et comment je pouvais les vaincre. La solution était la parole de Dieu, maintenant je ne me contentais que de la langue de Dieu qui est sa parole et seule en qui je croyais, donc toutes paroles qui allaient à l'encontre devenaient pour moi des moindres choses, car je savais maintenant que c'était faux et que le seul la parole de Dieu dit vrai. Là où certains voyaient impossible, je me disais que c'est possible, car l'impossible n'est pas dans le vocabulaire de Dieu , là où satan disait que c'est mort, que ça ne marchera pas et dans tout ce qu'il essaya encore de me faire croire, commençait au lieu de me troubler à me faire rire en chaque instant, car je voyais maintenant clair dans son jeu de vouloir me séparer de ce grand DIEU qui m'aime tellement et quia de bons projets pour moi et j'avais récupéré la paix intérieure. La merveilleuse personne du Saint ESPRIT, m'a démontré aussi mes erreurs, par où j'ai laissé place au diable de me combattre et j'ai su plus marché dans la crainte de Dieu et me consacré à faire la volonté de Dieu tout en obéissant aux enseignements de notre Seigneur Jésus Christ. Plus que j'obéissais sincèrement, plus je voyais vivement la main de Dieu agir vivement dans ma vie et intervenir pour m'accorder des solutions dans mes problèmes. Grâce à cet enseignement de la langue de Dieu, je me sentais être dans le monde mais vivre dans le Royaume de Dieu, donc comme on l'a vu ci-haut sur la région de Dieu, j'ai refusé toutes actions telles que la haine, la jalousie, la rancune et autres, car je savais que ces choses ne se disent pas dans le Royaume de Dieu où je me retrouve déjà en esprit.

**PLAN DE LECONS :**

**4.2. LA REUNIFICATION DU MONDE PAR LA LANGUE DE DIEU**

4.3 L'IMPACT DE LA LANGUE DE DIEU DANS LES DIFFERENTS DOMAINES DE LA VIE

**CHAP V. LES TEMOIGNAGES**

# N0S CORRESPONDANCES

**TELEPHONE : +243 828371161**
**WHATSAPP : +243 82831161**

**PAGE FACEBOOK : Forum des Jeunes/EPCHRIST**
**CHAINE YOUTUBE : Evangélisons Pour Christ TV**
**INSTAGRAM : Epchrist.officiel**
**TIKTOK : @epchrist**
**Email : www.epchristcontacts.com**

CET OUVRAGE MET VOTRE FOI DANS UNE DIMENSION EXTREME POUR LES CHOSES EXTREMES ;

EXPERIMNTEZ LA LANGUE QUE DIEU PARLE, ET VOUS TEMOIGNEREZ LA MAIN DE DIEU !

N'OUBLIEZ PAS DE NOUS ENVOYER VOS TEMOIGNAGES DANS L'UNE DE NOS CORRESPONDANCES.

LA LANGUE QUE DIEU PARLE, C'EST SA PAROLE ; SA PAROLE C'EST LE SEIGNEUR JESUS CHRIST ; LE SEIGNEUR JESUS CHRIST C'EST LUI MËME DIEU…

A bientôt le Volume 2

Printed by Books on Demand GmbH, Norderstedt / Germany